D0998292

Twinkling Christmas

Twinkling Christmas

Geert Pattyn

Photography / Fotografie: Joris Luyten

stichting kunstboek

My kind of Christmas

December, a time for wishing a thousand wishes and watching a million stars. While the shortest days intersperse with the darkest nights, you want to gather around the fireplace and snuggle up to the one you love. Spend countless cosy hours filled with candle-lit conversations. Capture scintillating moments in unfurling winter flowers that bode well for the year to come. Turn your home into a place where you and your beloveds can make the most marvellous memories. Welcome your guests with a décor that swathes them in a warm, cheerful glow. A little touch of flowers and creativity works wonders over Christmas and New Year.

But this year, the festive season gets that extra twinkle. Give your imagination wings and tradition a twist. Lend a personal touch to yuletide evergreens by making the most of Nature's gifts. These chapters portray my dreams and ideas of festive flowers. They are all yours – for enjoyment or inspiration. My style is steeped in sober chic, organic elegance and clear-cut design. I love to take rough materials and delicate blooms from Nature and place them in a new, contemporary context.

This is my idea of a perfect Christmas. I hope you enjoy these times of togetherness. So put a log on the fire and indulge in carols and crackers, puddings and presents. Cherish the magic of Christmas, it comes but once a year.

— Geert Pattyn —

Voor een magische kerst

December ... tijd voor duizend wensen en miljoenen sterren. Wanneer de kortste dagen afwisselen met de donkerste nachten, wil je enkel nog knus rond het haardvuur knuffelen met degene die je liefhebt. Vul talloze uren met gezellig gepraat bij kaarslicht. Vat schitterende momenten in een ontluikende winterbloem, een boodschapper voor het komende jaar. Verander je thuis in een plaats waar jij en je geliefden heuglijke herinneringen kunnen maken. Verwelkom je gasten in een decor dat hen hult in een warme, feestelijke gloed. Bloemen en creativiteit verrichten wonderen tijdens de feestdagen.

Maar dit jaar sprankelt de feestmaand des te meer. Geef vleugels aan je verbeelding en speel met traditie. Geef kerstklassiekers karakter met schatten uit de natuur. In de volgende hoofdstukken ontdek je mijn dromen en ideeën over feestelijke bloemen. Ze zijn er voor jou – misschien geven ze je inspiratie of plezier. In mijn stijl spreekt een sobere verfijning, een organische elegantie en een strak ontwerp. Ik houd ervan om ruwe materialen en delicate bloemen vanuit de natuur in een nieuwe, eigentijdse context te plaatsen.

Dit is voor mij de perfecte kerst. Ik wens je veel genot bij deze tijden van samenzijn. Leg dus nog maar een blok hout op het vuur en doe je te goed aan liedjes en lichtjes, kaartjes en cadeautjes. Koester de magie van Kerstmis, je viert die maar eens per jaar.

— Geert Pattyn —

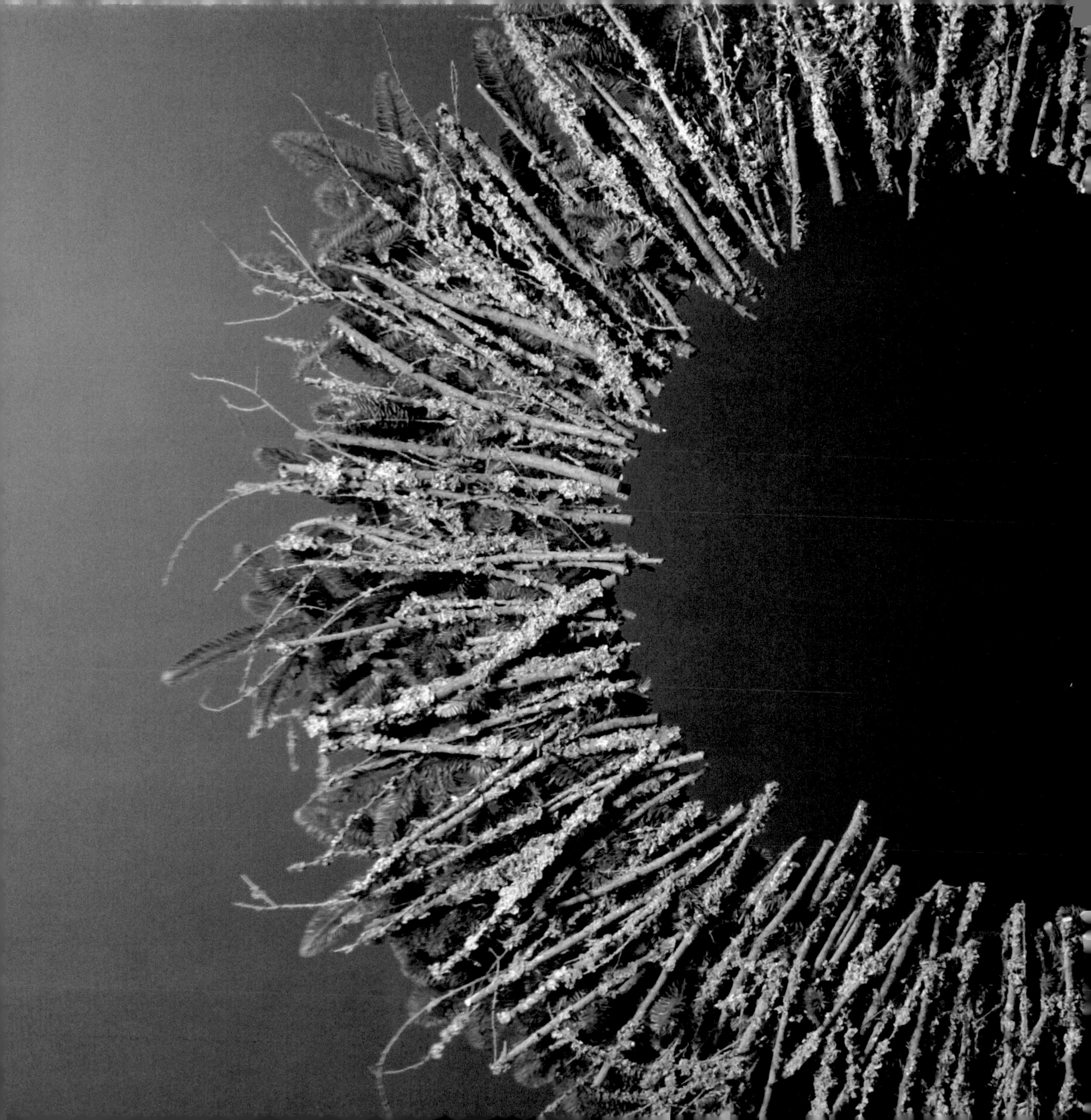

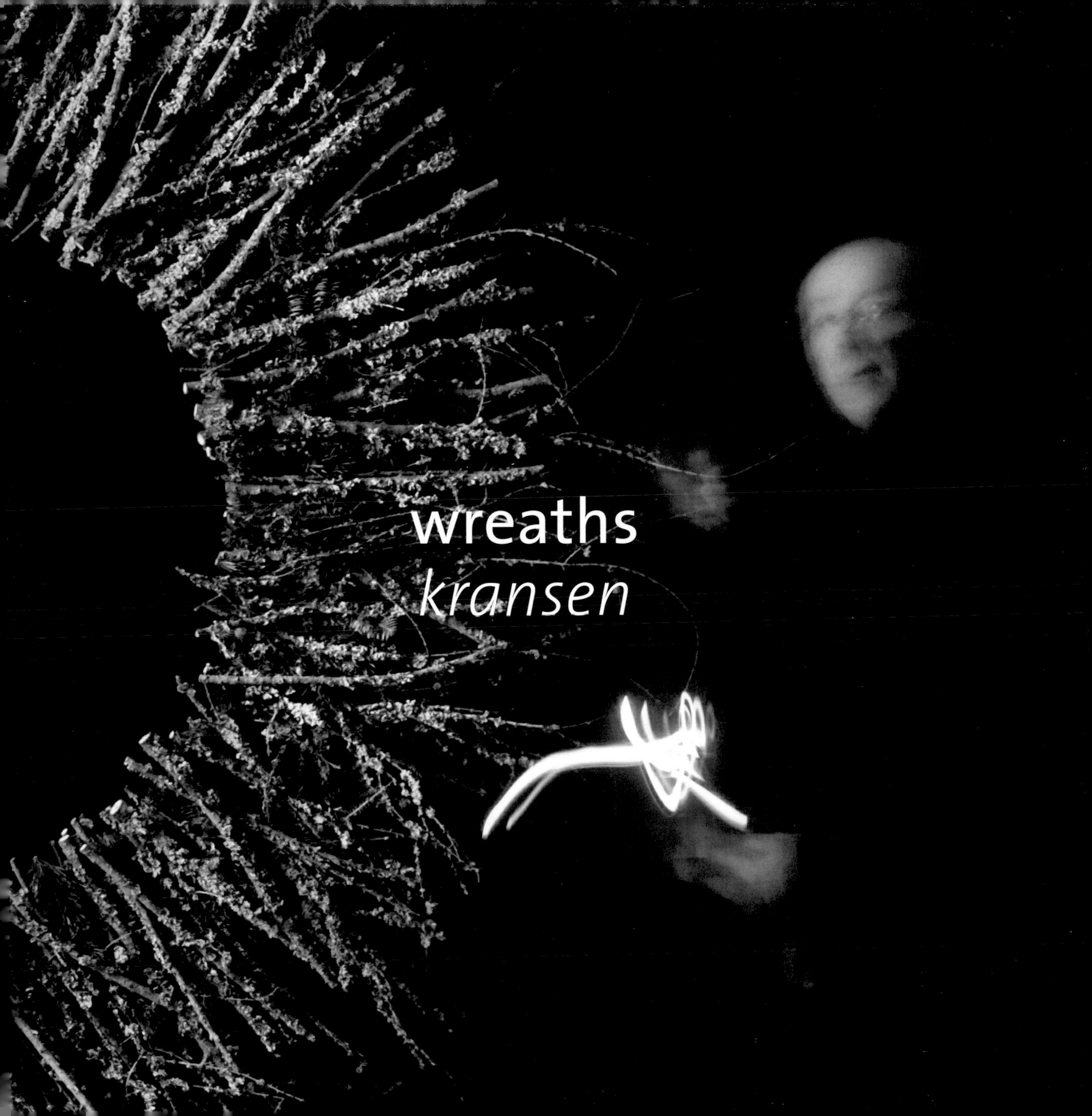
wreaths
kransen

On the horizon: a new season.

Aan de horizon: een nieuw seizoen.

Fasten seasonal greens and moss-grown larch branches onto a large wooden circle. Attach the wreath to the ceiling so that it can hang freely away from the wall.

Bind kerstgroen en bemoste larikstakken vast op een grote houten cirkel. Hang de krans aan het plafond zodat die vrij in de ruimte kan hangen.

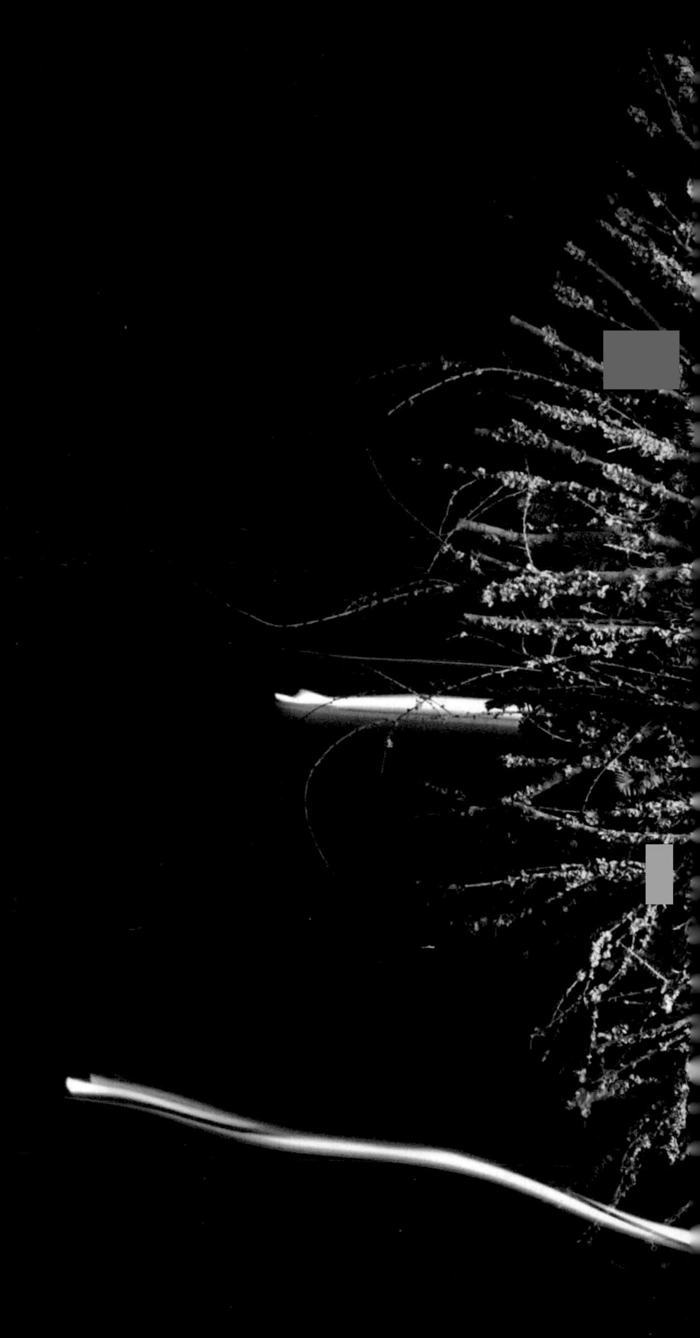

Larix, Abies nobilis and moss.

Larix, Abies nobilis en mos.

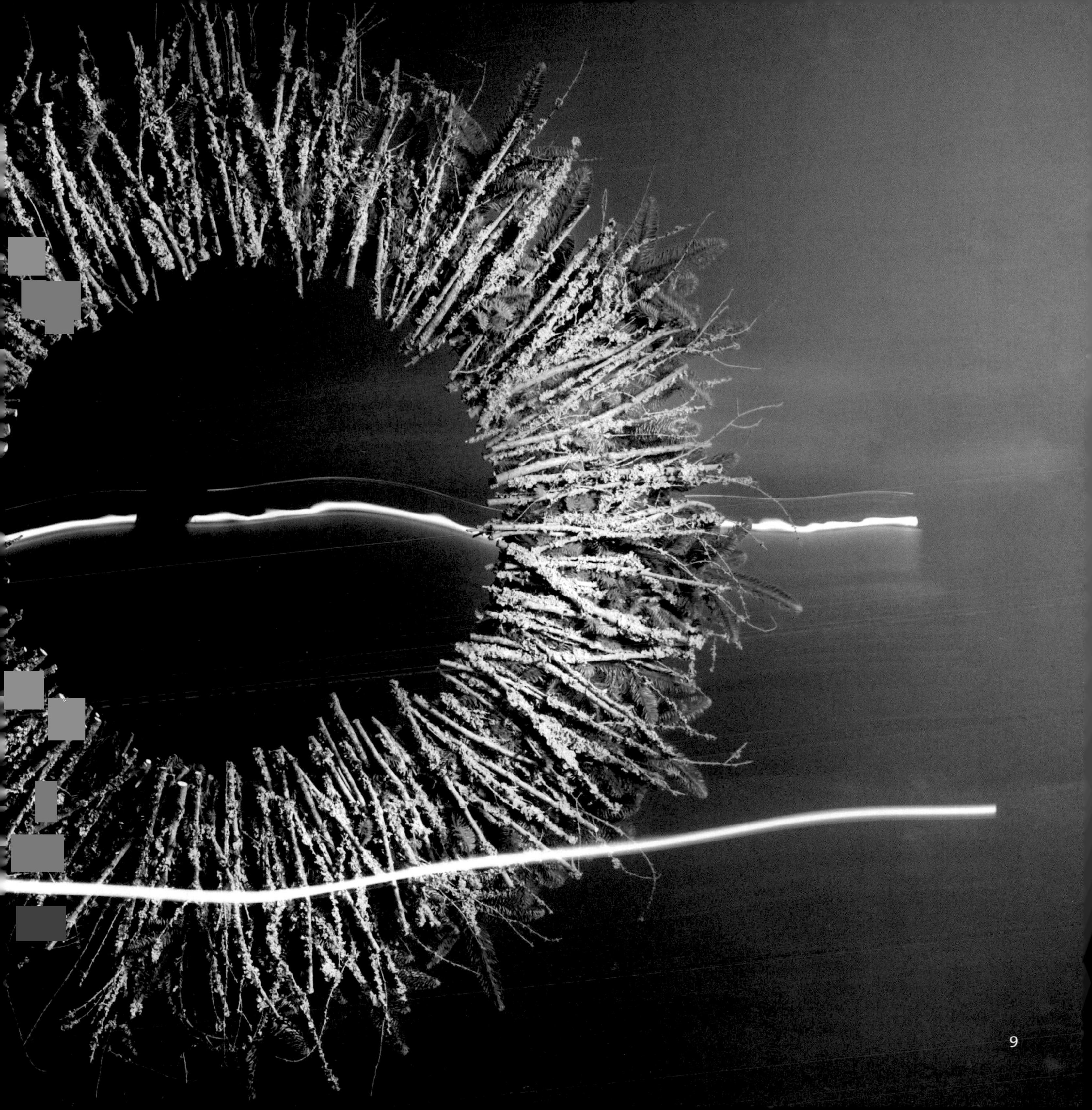

A star leads the way to the festive season.

Een ster toont de weg naar het feest.

Saw a star figure out of a piece of wood. Wind lots of fluffy moss around the wood and wrap this with red wire. Make sure the wire meets at every tip of the star. Thanks to five small nails the lustrous wire stays put and gives the star a sharp effect.

Zaag een sterfiguur uit een houten plank. Omwikkel het hout met luchtig mos en daarna met rode metaaldraad die telkens samenkomt op de punten van de ster. Vijf kleine nageltjes houden de draad op zijn plaats en geven de ster een scherp effect.

Moss, red metal wire, a wooden board and nails.
Mos, rode metaaldraad, een houten plank en nageltjes.

A basket full of lilac clouds and sparkles.

Een mand vol lila wolkjes en vonkjes.

Fix a base layer of moss onto a metal hoop. Fasten pieces of moss-grown Larix branches with winding wire on the moss. Make sure the lower pieces are gradually larger than the ones that you attach on top to achieve this 'handbag' shape. Decorate with baubles on wire and orchids in tubes.

Bedek een metalen ring met een goede laag mos. Maak daar stukjes bemoste larikstakjes aan vast met wikkeldraad. Zorg ervoor dat de takjes die lager komen wat groter zijn dan de takjes die je bovenaan deze 'handtas' vastplakt. Versier met kerstballen op draad en orchideeën in glazen buisjes.

Dendrobium, Larix, moss, baubles and winding wire.

Dendrobium, Larix, mos, kerstballen en wikkeldraad.

Soft wintry light just breaks my heart.

Het zachte licht in de winter roert mijn hart.

Cut a heart shape from plywood and wind moss all around. As you're covering the heart with moss, arrange a line of Christmas lights around the heart and fix it with wire. Break a number of baubles and glue some of them directly onto the wreath. Arrange most of them on the Christmas lights – these fit perfectly through the holes in the balls.

Zaag een hartvorm uit triplex en wikkel die in mos. Steek er tijdens het omwikkelen de lampjes tussen en maak die ook vast met draad. Sla dan enkele kerstballen aan diggelen en kleef ze rechtstreeks op de krans. Schik de meeste kerstballen op de lichtjes – dit gaat makkelijk omdat zo'n lichtje perfect in het gaatje van een kerstbal past.

Moss, plywood, Christmas lights, baubles, a glue gun and winding wire.

Mos, een triplex plaat, kerstlampjes, kerstballen, een lijmpistool en wikkeldraad.

Choose thousands of
frothy snowflakes with
Gypsophila 'Million Star'
in a circle of floral foam

Kies voor schuimig sneeuw
met Gypsophila 'Million Star'
in een cirkel van steekschuim ...

... or a prickly and frosty feature with Japanese branches sprinkled with melted wax.

... of voor berijpte stekeltjes met droge Japanse takken besprenkeld met gesmolten was.

The classic laurel wreath revisited.

Een klassieke lauwerenkrans, maar dan anders.

Cut out leaves of lead and arrange them with winding wire around a round metal base. Then fix the baubles in between with glue or wire.

Knip blaadjesvormen uit een vel lood en schik ze met wikkeldraad rond een ronde metalen basis. Werk af met kerstballen die je tussen de blaadjes vastmaakt met lijm of draad.

A sheet of lead, baubles, winding wire and a metal ring.
Een blad lood, kerstballen, wikkeldraad en een metalen ring.

A festive swirl of warm purple and a scattering of sparkles.

Het warmste paars in een fonkelende draaikolk.

Bend bleached Salix twigs in overlapping circles and fasten the ends in a metal frame. Let lights peer through the twigs. Adjust the cables behind the construction to hide them from view. Finish off with a crescent-shape of orchid heads along the inside of the inner circle. The flowers are first put in glass tubes filled with water.

Buig gebleekte salixtwijgen in overlappende cirkels en maak ze met de uiteinden vast in een metalen kader. Laat lichtjes doorheen de takjes schijnen. Verberg alle kabels aan de achterkant van het werk. De finishing touch is een halvemaan van orchideeën langs de binnenkant van de cirkel. Steek vooraf de bloemen in een buisje met water.

Vanda 'Blue magic', Salix, Christmas lights, a metal frame and glass tubes.

Vanda 'Blue magic', Salix, kerstlampjes, een metalen kader en glazen buisjes.

An all-time classic with fir, winterberry holly and common holly.

Een evergreen met nobele spar, vuurrode hulstbessen en scherpe hulst.

Abies nobilis, Ilex verticillata and Ilex aquifolium.

Abies nobilis, Ilex verticillata en Ilex aquifolium.

A wreath of plenty.

De krans des overvloeds.

Ilex aquifolium, Ilex verticillata and a base of straw.

Ilex aquifolium, Ilex verticillata en een basis van stro.

A festive glow shines through a veil of magenta.

Feestelijk vuur schijnt door een sluier van magenta.

Bend chicken wire around a metal ring. Crochet a line of Christmas lights in between the wire before wrapping it up in red sisal. Cover with a maze of moss-grown larch twigs and finish off with ribbons.

Plooi kippengaas rond een metalen ring. Haak een kabel kerstlichtjes tussen het gaas en omwind dan alles met rode sisal. Weef bemoste larikstakken rond de cirkels en werk af met enkele linten.

Larix, Agave sisalana, chicken wire, Christmas lights and ribbons.

Larix, Agave sisalana, kippengaas, kerstlampjes en linten.

Anthurium, Salix, baubles, a metal ring and glass tubes.
Anthurium, Salix, kerstballen, een metalen ring en glazen buisjes.

Butterflies and baubles in a white whirlpool.

Een witte werveling van vlinders en glitters.

Sculpt bleached Salix branches fluently around a metal ring. Give these twirls some twinkle by adding differently sized baubles. Finish off with a flutter of Anthurium wings. Make the most of the long stems: arrange them along the bent Salix.

Maak een vloeiende sculptuur van gebleekte salixtakken rond een metalen ring. Voeg een sprankel toe met kerstballen van verschillende grootte. Maak ten volle gebruik van de lange bloemstelen: laat ze meebuigen met de Salix.

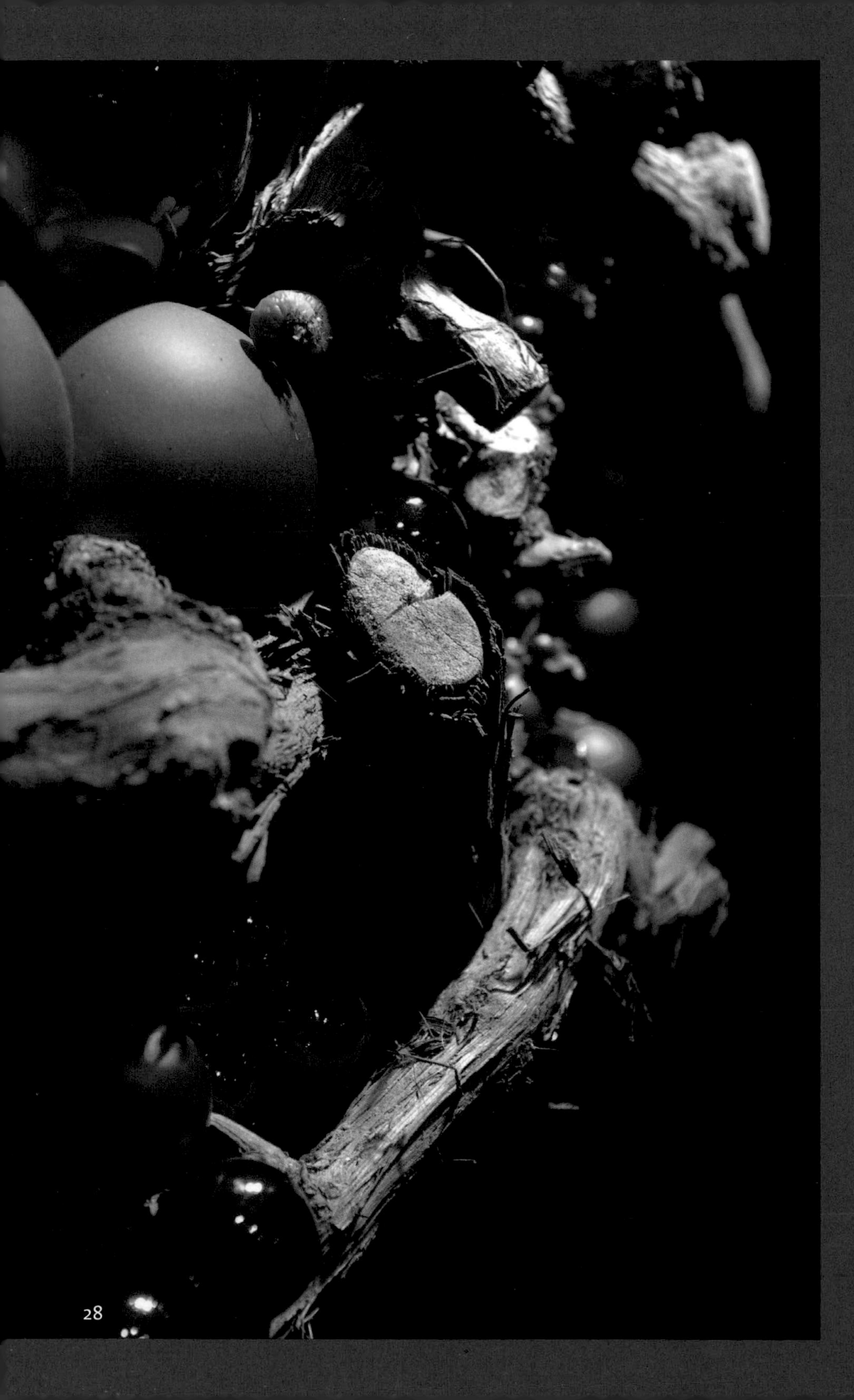

Weathered old vines entwine with wealthy red velvet.

Verweerde ranken kronkelen rond rijkelijk wrood fluweel.

Pep up a robust wreath of vine branches with lots of baubles and rose-hips. Why not add some Christmas lights to make the burgundy details ever so sparkly?

Verzacht het robuuste karakter van de druiventakken met een veelheid aan kerstballen en rozenbottels. En waarom geen kerstlichtjes gebruiken om het bordeaux schitterend te doen uitkomen?

Rose-hips, vine branches, Christmas lights and baubles.
Rozenbottels, wijnranken, kerstlampjes en -ballen.

Myrtle makes merry ...

Niets mooier dan mirte ...

Ranunculus, Malus, Myrtus, cocktail sticks and a base of floral foam.

Ranunculus, Malus, Myrtus, cocktailprikkers en een basis van steekschuim.

and fir is a feast.

en sfeervolle spar.

Little rose-hips, Malus (branches and fruit), Abies nobilis, holly and a base of straw.

Kleine rozenbottels, Malus (zowel takken als fruit), Abies nobilis, hulst en een basis van stro.

Grisaille greetings.

Kerstwensen in grisaille.

Build up a grey-mauve composition with silvery-lined eucalyptus, snowy berries and celadon blue roses.

Bouw een grauw-mauve compositie op met zilverige eucalyptus, sneeuwachtige vruchtjes en rozen in celadonblauw.

Rosa 'Pacific blue', Brunnera Silver, Eucalyptus and a base of floral foam.

Rosa 'Pacific blue', Brunnera Silvers, Eucalyptus en een basis van steekschuim.

A flurry of flowers.

Barstensvol bloemen.

Stick shortly cut carnations halfway into a round base of floral foam. Wind Typha leaves round the other half of the circle. Fix the end of each leaf into the foam. Fix the leaves very tightly around the upper part of the circle and more loosely near the flowers, so that the transition between leaves and flowers is gradual. Suspend from the ceiling with an equally red ribbon.

Steek kortgeknipte anjers in de helft van een ronde basis van steekschuim. Wikkel de andere helft in typhabladeren. Maak de bladeren stevig vast rond het bovenste deel van de cirkel en laat ze wat losser naarmate ze dichter bij de bloemen komen, zodat de overgang tussen bladeren en bloemen geleidelijk is. Hang de krans aan het plafond met een even rood lint.

Dianthus, typha leaves, a wreath of floral foam and a ribbon.

Dianthus, Typhabladeren, een krans van steekschuim en een lint.

trees

bomen

Christmas disco style.

Kerst in de jaren 70.

A triangular piece of red plexiglass is the perfect canvas for a mauve-red-orange colour scheme. Drill little holes randomly in the triangle. Paint some canes red and arrange them in the holes. Take plexiglass circles in various colours and in different sizes, and drill a hole in each of them as well. Glue tubes on some of those discs and hang them all on the canes with some thread. Fill the tubes with water and orchids in three matching colours. Play with colour and relief.

Een rode driehoek van plexiglas is het perfecte canvas voor een mauve-rood-oranje kleurenschema. Boor kleine gaatjes in de driehoek. Verf enkele plantenstokjes rood en schik ze in de gaatjes. Kies cirkels van plexiglas in verschillende kleuren en afmetingen. Boor een gaatje in elk cirkeltje. Kleef buisjes vast aan enkele cirkeltjes en hang alle schijfjes met wat draad aan de stokjes. Vul de buisjes met water en orchideeën in drie passende kleuren. Speel met kleur en reliëf.

Vanda, plexiglass figures and tubes, a wooden board, canes, nylon thread and a gluegun.

Vanda, figuren en buisjes uit plexiglas, een houten plank, plantenstokjes, nylondraad en een lijmpistool.

A reminder of the Nordic countries.

Een Scandinavische toets.

Dress your Christmas tree with lots of lights. Then give the fir more volume by arranging moss-clad larch branches all over the tree. Cover parts of the branches with balls of cotton wool. If you spray these white tufts with glue and then powder them with fake snow, it will look like thaw has just set in. Finish off this pretty scene with noble fir bound around a metal chandelier and shaped in a garland along the table. Balls of green carnations in floral foam adorn the table.

Versier een kerstboom met talloze lichtjes. Geef het geheel dan wat meer volume met bemoste larikstakken. Bedek de takken met watten. Als je die witte plukken nog eens bespuit met lijm en poedersneeuw, lijkt het alsof het net heeft gedooid. Werk af met nobele spar rond de luchter en langs de tafel. Bollen van groene anjers in steekschuim sieren de tafel.

Abies nordmanniana, Larix, cotton wool, spray glue, powder snow, Abies nobilis, Dianthus and balls of floral foam.

Abies nordmanniana, Larix, watten, spuitlijm, poedersneeuw, Abies nobilis, Dianthus en steekschuim bollen.

Ever wanted to catch a white winter cloud?

Haal een winterwolk in huis.

Roll some chicken wire into a cylinder shape and attach a half ball of polystyrene at each end of the cylinder. Fix this base onto a stem and muffle it in lots of cotton wool. Spray the treetops with glue and finish of with a mist of powder snow. You can easily store this tree away in January for the next year.

Rol kippengaas in een cilindervorm en kleef een halve bol steekschuim aan elk uiteinde van de cilinder. Bevestig deze basisvorm op een stam en wikkel het in watten. Bespuit deze kruinen met lijm en poedersneeuw. Deze boompjes kan je volgend jaar makkelijk weer gebruiken.

Chicken wire, one ball of polystyrene per tree, cotton wool, spray glue and powder snow.

Kippengaas, een piepschuim bal per boom, watten, spuitlijm en poedersneeuw.

Or dreamed of a sweet sweet Christmas?

Een kerstboom om van te snoepen.

This meringue tree is just a folie de patisserie, but why not surround your baker's pride or your home-made puddings with flowers that already forebode spring like tulips and daffodils?

Deze boom van schuimgebak is gewoon een folie van mijn bakker. Maar is het geen leuk idee om je kerstdesserts te serveren in een decor van tulpen en paaslelies die al geuren naar de lente?

Tulipa, Narcissus and merengue.

Tulipa, Narcissus en merengue.

Wrap bamboo canes from the bottom to the top with Eastern white pine, larch and noble fir. Finish off with Christmas lights and baubles.

Wikkel bamboestokken van beneden naar boven toe met Weymouthden, lariks en nobele spar. Werk af met kerstlichtjes en -ballen.

Pinus strobus, Larix, Abies nobilis, Christmas lights en baubles.

Pinus strobus, Larix, Abies nobilis, kerstlampjes en -ballen.

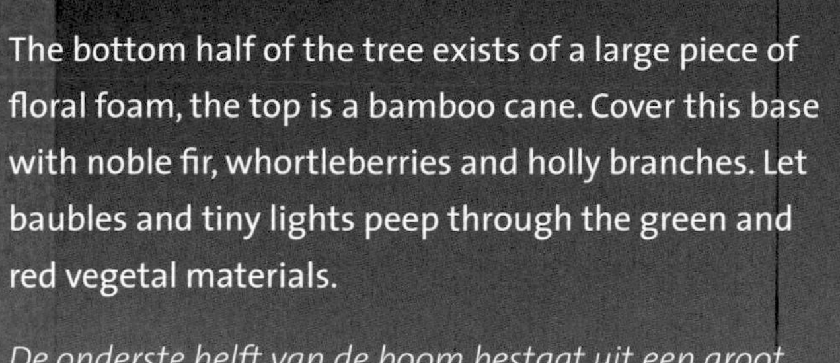

The bottom half of the tree exists of a large piece of floral foam, the top is a bamboo cane. Cover this base with noble fir, whortleberries and holly branches. Let baubles and tiny lights peep through the green and red vegetal materials.

De onderste helft van de boom bestaat uit een groot stuk steekschuim, de bovenkant is een bamboestok. Bedek deze basis met nobele spar, bosbes en hulsttakken. Steek kerstballen en lampjes tussen het groene en rode materiaal.

Abies nobilis, Vaccinium, Ilex verticillata, floral foam, a bamboo cane, Christmas lights and baubles.

Abies nobilis, Vaccinium, Ilex verticillata, steekschuim, een bamboestok, kerstlampjes en -ballen.

A turriculate tree in all shades of green.

Torenhoog en ton sur ton.

This composition reflects both colour and shape of the container. Begin with a conical piece of floral foam that you give more height by sticking a cane into the top. Then cut flax-lily leaves lengthwise and wind them around the cone, beginning at the top. Fix each leaf by sticking the ends into the damp floral foam. Add green orchids in glass tubes to give this statuesque tree shape wings.

Deze compositie weerspiegelt zowel de kleur als de vorm van de container. Begin met een kegelvormig stuk steekschuim dat je wat verhoogt door een steunstokje in de bovenkant te prikken. Snijd dan bladeren van Nieuw-Zeelands vlas overlangs in tweeën en omwikkel daarmee de kegel, van boven naar beneden toe. Met enkele groene orchideeën in glazen buisjes geef je deze statige boom vleugeltjes.

Dendrobium 'Green', Phormium, ceramic vase (Mobach) and floral foam.

Dendrobium 'Green', Phormium, keramische vaas (Mobach) en steekschuim.

It was on a starry night ...

Onder de sterrenhemel ...

What you can do when you cut a plank into star shapes. They can be stands for your candles. Or use them as a base for a May wreath like construction with a stem in each star and a metal ring wrapped in yew. Or attach them to a triangular wooden board covered with gold-coloured paper.

Zaag sterrenvormen uit een houten plank en de mogelijkheden zijn eindeloos. Gebruik ze als onderzetters voor kaarsen. Of maak een meikransachtige constructie met een stammetje in elke ster en een met taxus bedekte metalen ring. Of bevestig de sterren aan een met goudkleurig papier bedekte, driehoekige plank.

Wooden board, golden paper, candles, Ilex, Taxus baccata and metal rings.

Een houten plank, goudpapier, kaarsen, Ilex, Taxus baccata en metalen ringen.

tables

tafels

Christmas dinner with burgundy.

Bourgondisch bordeaux.

This table is dominated by the three red-lacquered pear trees and a ribboned bowl full of baubles. A romantic scene with ribbons and roses in red, orange and fuchsia. The eye-catcher is a vase collar made of a segment of a polystyrene ball bound up with ribbons.

Deze tafel wordt gedomineerd door de drie roodgelakte perenbomen en een vaas vol kerstballen. Een romantisch decor met linten en rozen in rood, oranje en fuchsia. De blikvanger is een segment van een piepschuimen bol omwonden met linten, die perfect op deze grote vaas past.

Pear tree, a glass bowl, baubles, a polystyrene ball, ribbons and Rosa 'Cherry Brandy', 'Life Style', 'Latin Ambiance', 'African Down', 'Ambiance' etc.

Perenboom, een glazen vaas, kerstballen, een piepschuimen bal, linten en Rosa 'Cherry Brandy', 'Life Style', 'Latin Ambiance', 'African Down', 'Ambiance' etc.

Mesmerising ice.

Betoverend ijs.

A bowl of wax containing: Helleborus niger in glass tubes and Alnus branches drenched in liquid wax.

Een schaal in was met Helleborus niger in glazen buisjes en elzentakken ondergedompeld in vloeibare was.

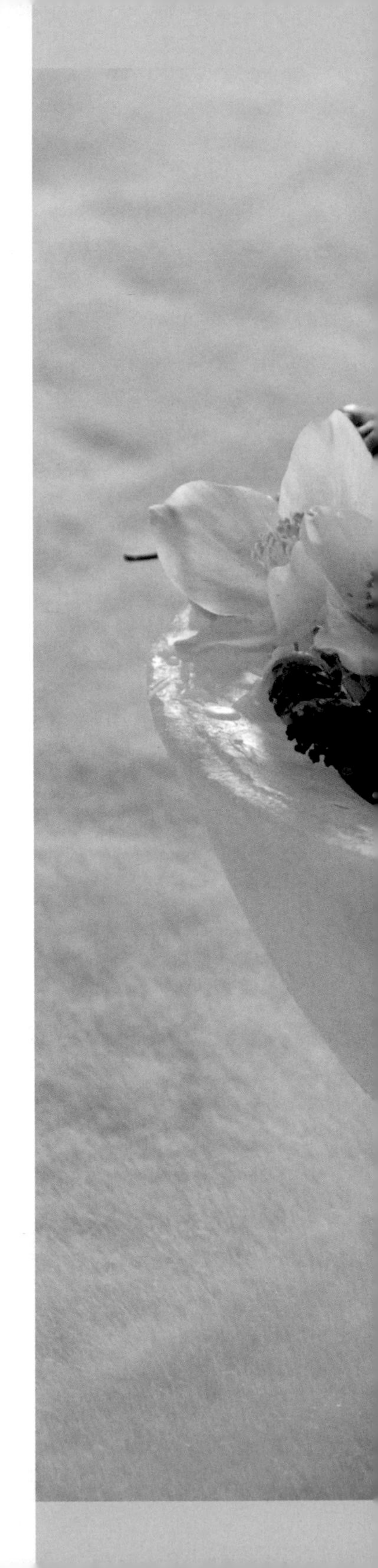

Box and baubles for a bubbly Christmas.

Kerst in bruisend groen en goud.

Arrange tiny twigs of boxwood on a ball of polystyrene. Attach a piece of thread onto each bauble so you can stick them into the ball. Let the box leaves peep through them.

Prik buxustwijgjes in een bal van steekschuim. Schik daartussen kerstballen op draad. Laat de buxusblaadjes tussen de kerstballen piepen.

Buxus sempervirens, polystyrene, baubles and a ceramic dish (Mobach).

Buxus sempervirens, piepschuim, kerstballen en een keramische schaal (Mobach).

A nest of budding new life.

Een nest vol ontluikend nieuw leven.

A wicker basket gets more volume when you wind some Muehlenbeckia around it with gold wire. These promising little hyacinths are planted in soil and peep through lots of fake snow.

Een rieten mand krijgt meer volume als je er wat Muehlenbeckia rond draait met goudkleurige wikkeldraad. Deze veelbelovende hyacinten zijn geplant in aarde en komen mooi uit tussen de nepsneeuw.

Hyacinthus, Muehlenbeckia, reed, gold wire, spray glue and powder snow.

Hyacinthus, Muehlenbeckia, riet, gouddraad, spuitlijm en poedersneeuw.

Yuletide sophistication in black-and-white.

Een gesofisticeerde kerst in zwart-wit

Sumptuous white orchids in elegant long vases work wonders on every festive table. Tradition meets design in these circles of holly. Just staple holly leaves on round pieces of cardboard and make sure they overlap (to hide the staples).

Luxueuze witte orchideeën in elegante lange vaasjes doen wonderen voor elke feesttafel. Traditie en design gaan perfect samen in deze hulstcirkeltjes. Niet gewoon enkele hulstblaadjes op ronde stukjes karton en zorg ervoor dat de blaadjes overlappen (zodat de nietjes niet meer zichtbaar zijn).

Phalaenopsis and Ilex, some cardboard.
Phalaenopsis en Ilex, karton.

regardez cette assiette
mazette ce n'est qu'une assiette!

Bundled magic.

Een bundeltje magie.

The simplest bouquet can be winterised with fake snow en white paint. Here, green Asparagus has had a lick of paint. The grey-green Eucalyptus and fairy-white roses are veiled in a snowy haze.

Het meest eenvoudige boeket krijgt een wintertoets met nepsneeuw en witte verf. Hier heeft groene Asparagus een likje verf gekregen. De grijs-groene Eucalyptus en de knisperwitte rozen zijn gehuld in een mist van sneeuw.

Asparagus plumosus, Eucalyptus, Rosa 'Akito', Rosa 'Avalanche' and powder snow.

Asparagus plumosus, Eucalyptus, Rosa 'Akito', Rosa 'Avalanche' en poedersneeuw.

Dedicated to Catharina, my tsarina.

Voor Catharina, mijn tsarina.

Nothing more beautiful than a hand-bound bouquet in luscious nuances of white. Tissuey petals of Turban Buttercups, a collar of fake fur and pearly gleams accentuate the fresh softness of the bouquet.

Niets mooier dan een handgebonden boeket in stralende witte tinten. Fluwelige ranonkelblaadjes, een kraag van namaakbont en parelglans accentueert de frisse zachtheid van het boeket.

Ranunculus, pearls, imitation fur and a ribbon.

Ranunculus, parels, namaakbont en een lint.

For when it gets dark outside ...

Voor als het buiten donker wordt ...

Cherish the light in clear cylinder vases. Pick out winding wire that matches the colour of the flowers you want to use and wind it around the vases. Arrange tubes with orchids in between the wire.

Koester het licht in helder cilindervormige vazen. Kies wikkeldraad dat past bij de kleur van de bloemen die je wilt gebruiken en wikkel het rond de vaasjes. Schik buisjes met orchideeën tussen de draad.

Phalaenopsis, winding wire, candles, glass tubes and vases.

Phalaenopsis, wikkeldraad, kaarsjes, glazen buisjes en vazen.

Flowery stars and flowing grasses.

Sterren van bloemen en vloeiende stelen.

Create nice smooth lines by winding gold wire around long grass-stalks. Fill some of your favourite ceramic containers with these stalks and others with Eucharis flowers.

Creëer mooie vloeiende lijnen door grasstelen met goudkleurig wikkeldraad te omwinden. Vul enkele van de geliefde keramische vaasjes met het gras en andere met Eucharisbloemen.

Eucharis, Bear grass, winding wire and ceramic vases (Mobach).
Eucharis, Bear grass, wikkeldraad en keramische vazen (Mobach).

Soft frost.

Zachte vorst.

A combination of soft and sharp. Dip pine-needles in wax and drape, crochet and weave them around the feet of the crocus.

Een combinatie van zacht en scherp. Dompel dennennaalden in was en drapeer, haak en weef ze rond de krokussen.

Crocus, Pinus nigra and a bowl.

Crocus, Pinus nigra en een schaal.

Reaching for the star-lit skies.

Reikend naar de sterren.

Place a small dish in a shallow, water-filled bowl. Wind fir branches around the smallest container and fill it with floral foam in which you can arrange tulips and hyacinths to your heart's content. Weave lorch branches in between the flower stems.

Plaats een kleinere schaal in een ondiepe schaal gevuld met water. Wikkel sparrentakken rond de kleinste schaal en vul die met steekschuim waarin je tulpen en hyacinten schikt. Weef larikstakken tussen de bloemstelen.

Tulipa, Hyacinthus, Larix, Abies nobilis, two containers and floral foam.

Tulipa, Hyacinthus, Larix, Abies nobilis, twee vazen en steekschuim.

Christmas roses on a pedestal.

Kerstrozen op een piëdestal.

Potted Helleborus steals the scene when put in a fantastic vase and sprinkled with fake snow.

Opgeplante Helleborus steelt de show in een fantastische vaas en bestrooid met nepsneeuw.

Helleborus niger and a vase (Growing Veip).

Helleborus niger en een vaas (Growing Veip).

Vanda, baubles, a strip of lead, glass tubes and a bowl.

Vanda, kerstballen, een strook lood, glazen buisjes en een schaal.

There is no Christmas without plenty of bubbles.

Geen kerst zonder champagne.

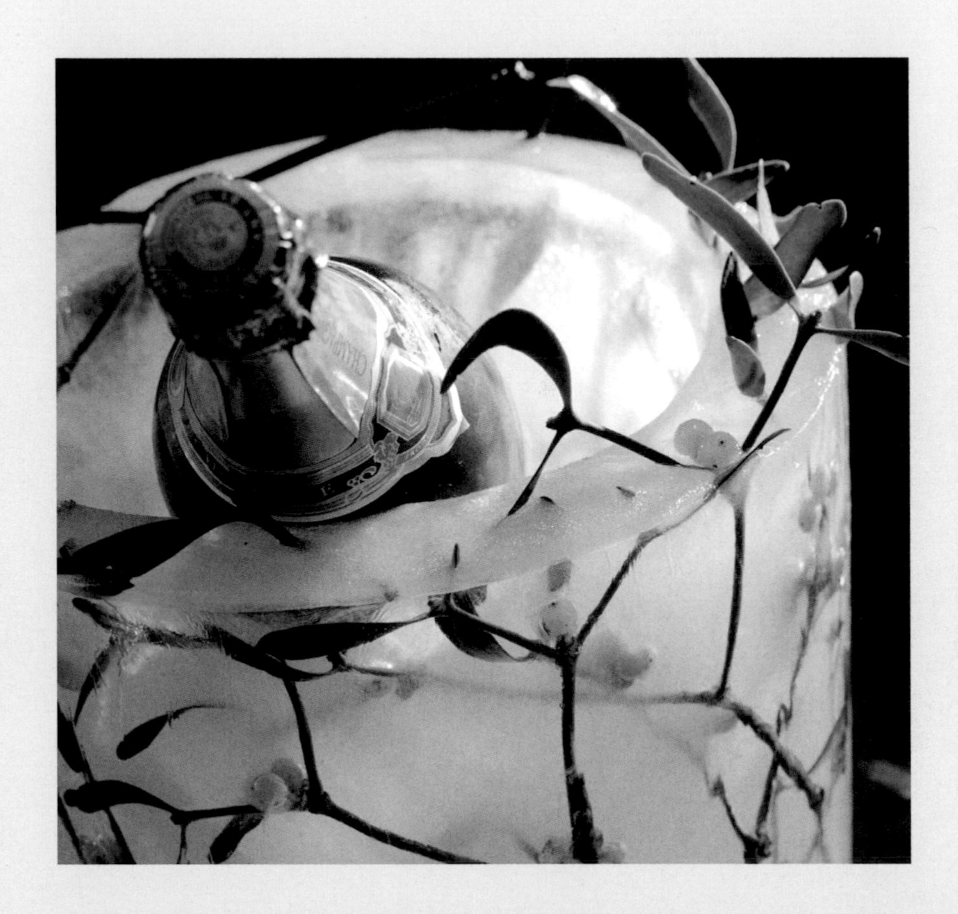

And there's no cooler cooler than this one. Arrange some mistletoe in one bucket. Then push a second bucket in the first one and fill the space in between with water. Lay a weight in the second bucket (don't use glass) and put the whole construction in the freezer until solid.

En geen frissere flessenkoeler dan deze. Verdeel maretak in een emmer. Duw dan een tweede emmer in de eerste en vul de tussenruimte (gebruik zeker geen glas) met water. Leg een gewicht in de tweede emmer en zet dit alles in de diepvries.

Viscum album, two buckets (in plastic or zinc), water, a candle, some champagne ...

Viscum album, twee emmers (in plastic of zink), water, een kaars, wat champagne ...

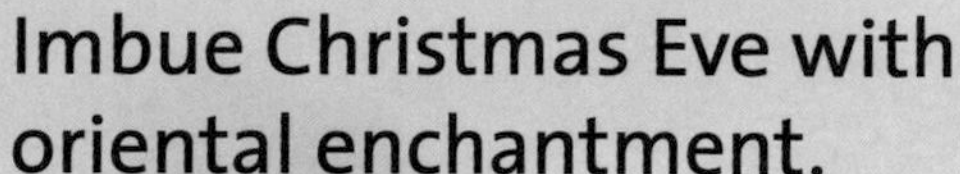

Imbue Christmas Eve with oriental enchantment.

Breng kerstavond door in Marrakech.

Cut a band out of a polystyrene ball and wind it with ribbons in matching colours and some coloured wire. Then arrange this component to the inside of bowl. Adjust wired glass tubes filled with water and an orchid. Finish off with peppy pomegranates.

Snij een segment uit een piepschuimen bal en omwikkel het met linten en wikkeldraad in passende kleuren. Plaats deze 'kraag' op de binnenkant van een schaal. Neem enkele buisjes en vul ze met water en orchideeën. Bevestig wikkeldraad aan elke buisje en hang ze daarmee vast aan de linten. Werk af met groen-rode granaatappels.

Phalaenopsis, Punica granatum, red glass bowl, polystyrene ball, ribbons, winding wire and glass tubes.

Phalaenopsis, Punica granatum, een rode glazen schaal, een piepschuimen bal, linten, wikkeldraad en glazen buisjes.

kamers
rooms

Drops of Christmas rose: nylon thread stretched onto a wooden frame makes a translucent canvas for Helleborus niger in glass teardrop vases.

Druppels met kerstrozen: nylondraad gespannen op een houten frame vormt een doorschijnend canvas voor Helleborus niger in glazen traanvormige vaasjes.

A cloud of mistletoe: a regal chandelier holds a mass of Viscum album.
Een wolk van maretak: een royale luchter omvat een tros Viscum album.

Trunks in triumph.

Statige stammen.

Think big and create a festive forest. These metal standards are covered with wire netting, a line of lights and moss-grown larch branches. Hang baubles on the insides like they're treasures to be discovered while strolling through the woods.

Zie het groots en maak een weelderig woud. Deze metalen staanders worden bedekt met kippengaas, kerstlichtjes en bemoste lariks-takken. Hang kerstballen aan de binnenkant, alsof het schatten zijn die je kunt ontdekken bij een boswandeling.

Larix, chicken wire, a metal frame, Christmas lights and baubles.
Larix, kippengaas, een metalen kader, kerstlichtjes en -ballen.

Twigs and fruit, light as air.

Twijgjes en fruit, zo licht als lucht.

Balanced proportions and calculated non-chalance are of paramount importance in this construction with cornel and apples.

Evenwichtige proporties en berekende non-chalance zijn van heel groot belang in deze constructie met kornoelje en appeltjes.

Cornus alba 'Sibirica', Malus and a glass container.
Cornus alba 'Sibirica', Malus en een glazen recipiënt.

Have a ball this Christmas.

Een kerstbal, natuurlijk.

Stick Magnolia leaves onto a large polystyrene ball. The bottom side of each leaf has to face outwards so as to create an overall matt effect. Fix the leaves with clips and let them overlap.

Maak magnoliablaadjes vast aan een grote piepschuimen bal. De onderzijde van elk blad kijkt naar buiten zodat het geheel een mat effect krijgt. Maak de blaadjes met klemmen vast en laat ze overlappen.

Magnolia grandiflora, lots of clips and a polystyrene ball.

Magnolia grandiflora, vele krammen en een piepschuimen bal.

In the sweet snow ...

In de zoete sneeuw ...

Build an igloo by gluing hundreds of sugar cubes onto a hollow polystyrene ball.

Maak een iglo door suikerklontjes op een holle piepschuimen bol te kleven.

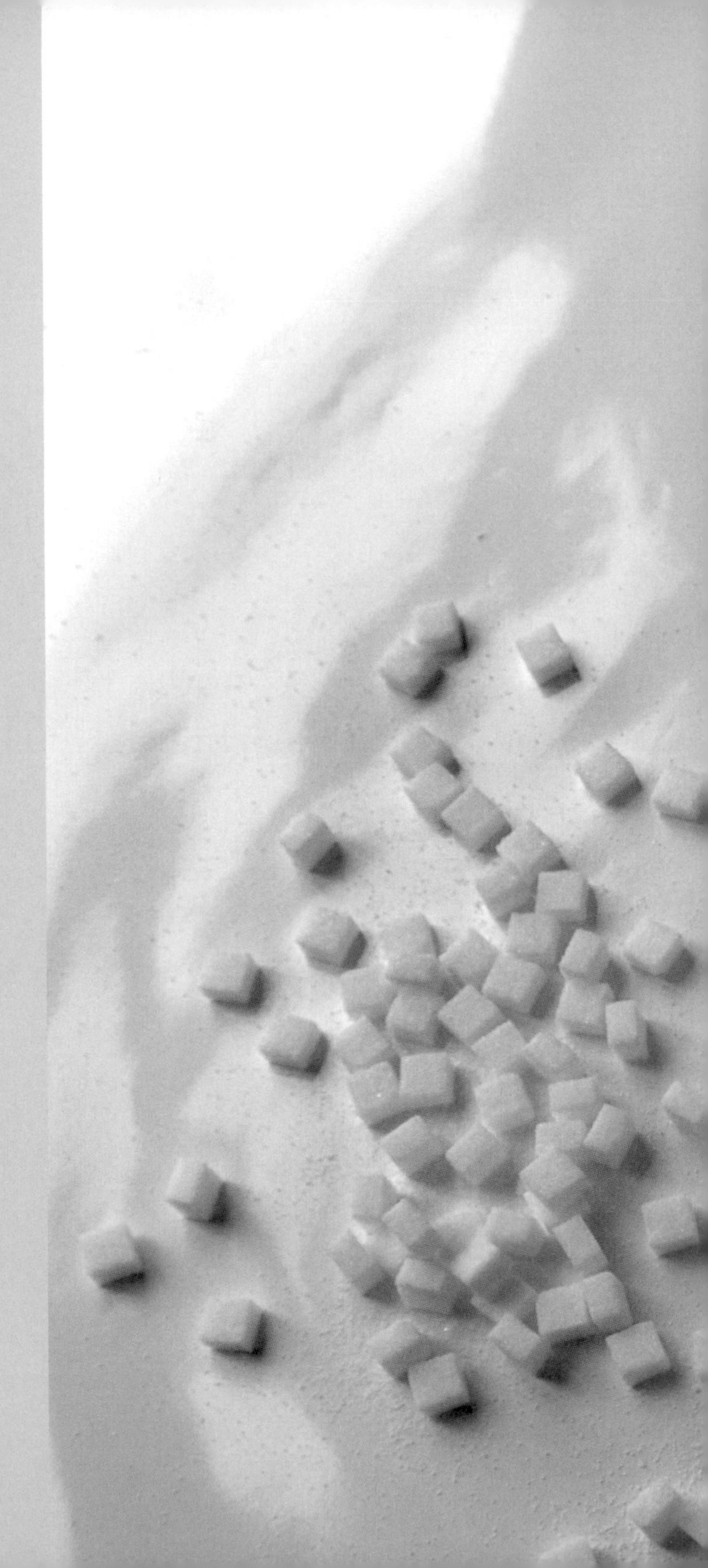

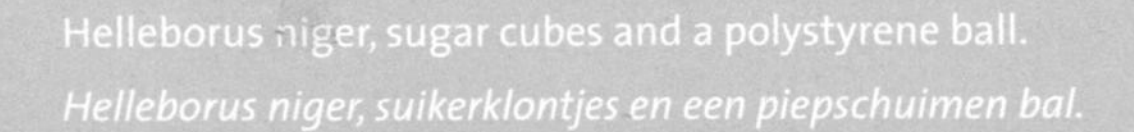

Helleborus niger, sugar cubes and a polystyrene ball.
Helleborus niger, suikerklontjes en een piepschuimen bal.

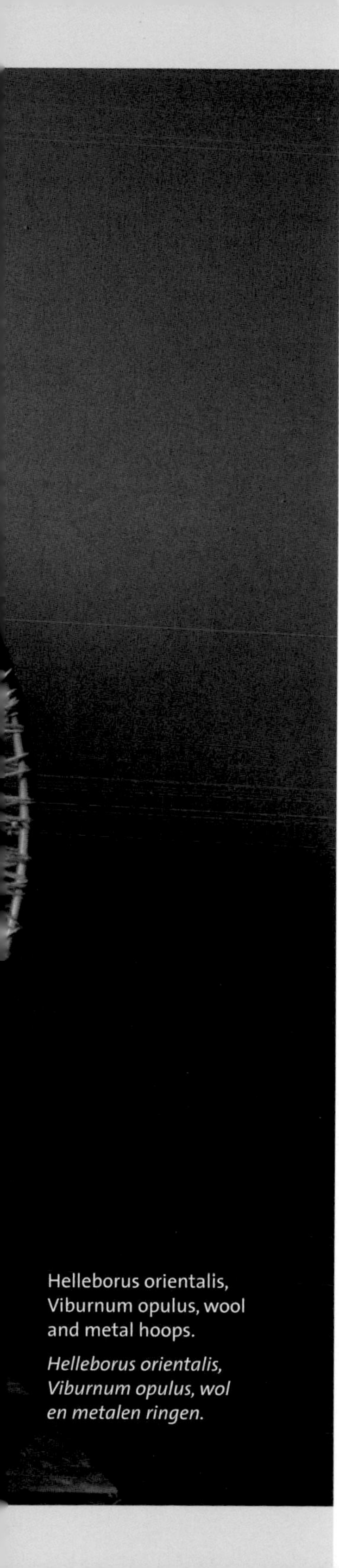

Helleborus orientalis, Viburnum opulus, wool and metal hoops.

Helleborus orientalis, Viburnum opulus, wol en metalen ringen.

Ton sur ton: weave various colours of wool around metal hoops and attach glass tubes with Christmas roses and Guelder roses.

Ton sur ton: weef verschillende kleuren wol rond metalen hoepels en bevestig glazen buisjes met Helleborus orientalis en sneeuwbal.

A seasonal screen: white twigs fixed into a metal frame and finished off with silver balls.

Voor de kerstkamer: witte wissen geklemd in een metalen frame en afgewerkt met zilveren bollen.

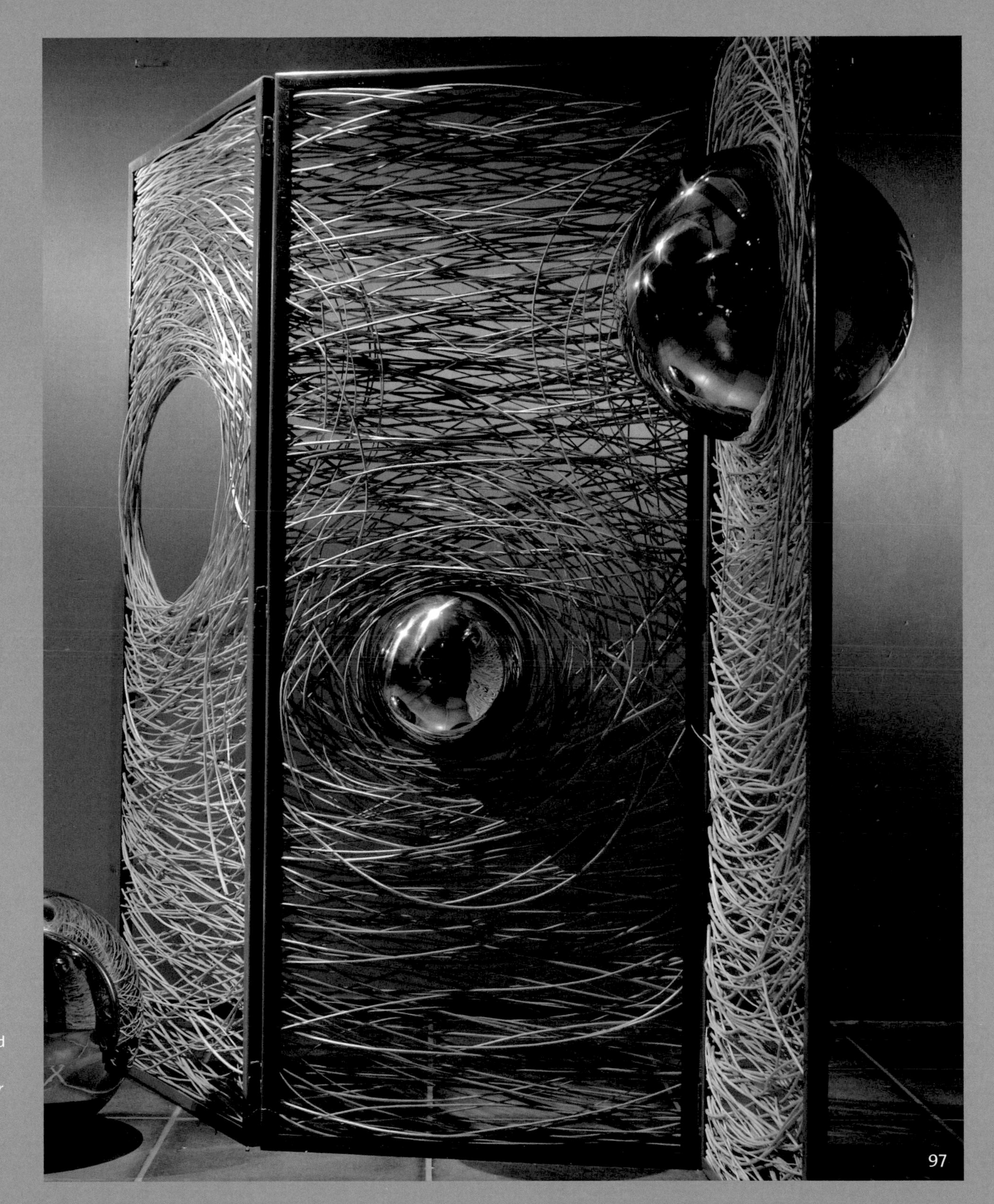

Salix, a metal frame and metal balls.

Salix, een metalen kader en metalen bollen.

Touching red moves the heart of every Christmas addict.

Ontroerend rood raakt elke kerstfanaat.

These room-dividers catch the eye with red Matsumata twigs horizontally arranged in metal frames.

Deze kamerschermen trekken de aandacht met rode Matsumatatwijgen die horizontaal in metalen kaders zijn geschikt.

Matsumata branches, metal frames and metal balls.
Matsumatatakken, metalen kaders en metalen bollen.

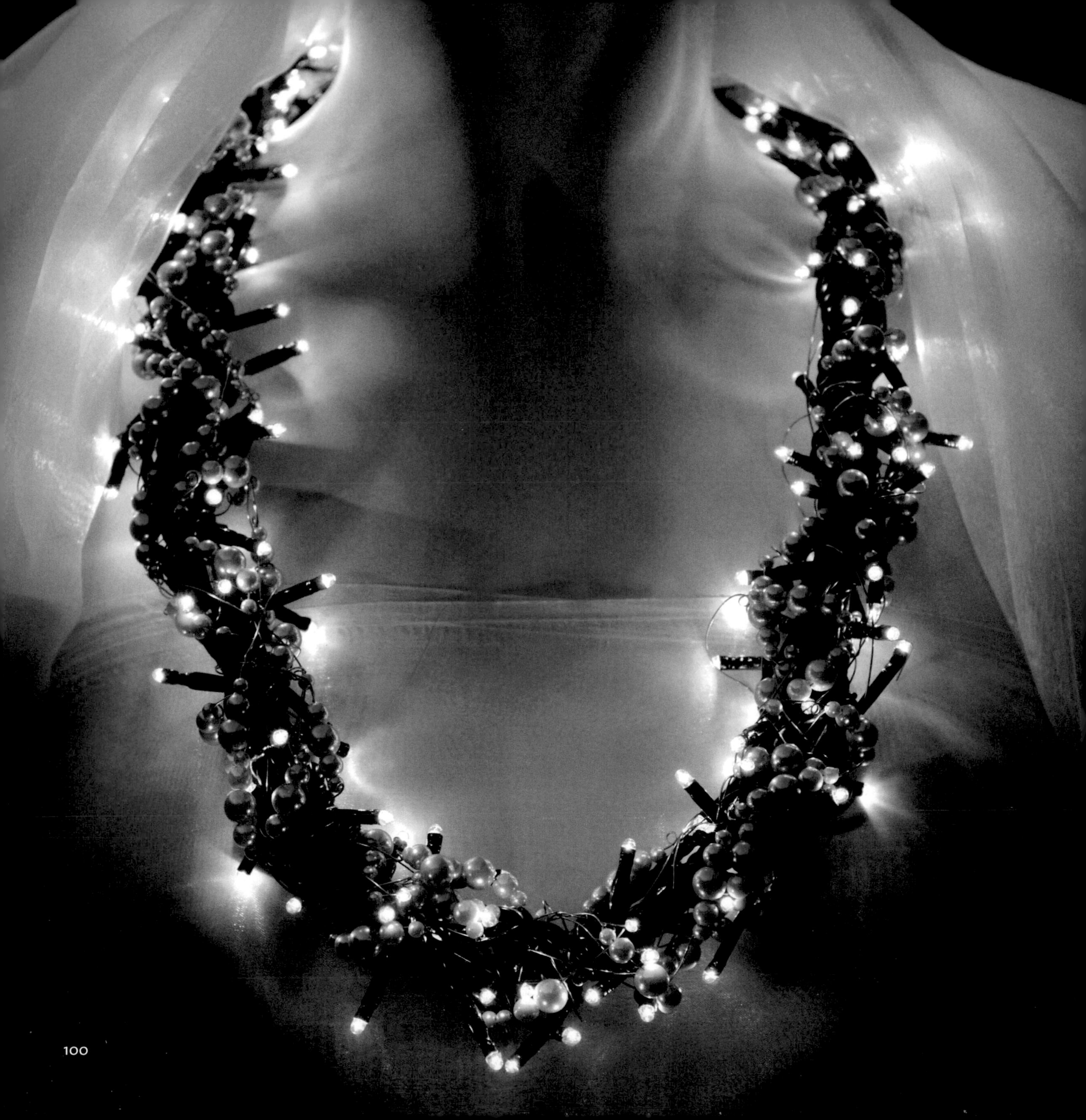

A winter bride from a fairy tale.

Een winterbruid uit een sprookje.

A mannequin wears organza over a wire netting and interwoven Christmas lights. Transparent leaves and a necklace of pearls make this the princess of Christmas Eve.

Een mannequin draagt organza over een laag kippengaas en verwoven kerstlichtjes. Transparante blaadjes en een snoer van parels maken dit de prinses van kerstnacht.

Transparent organza, chicken wire, Christmas lights, fabric, skeletonised leaves and pearls.

Transparante organza, kippengaas, kerstlichtjes, stof, skeletblaadjes en parels.

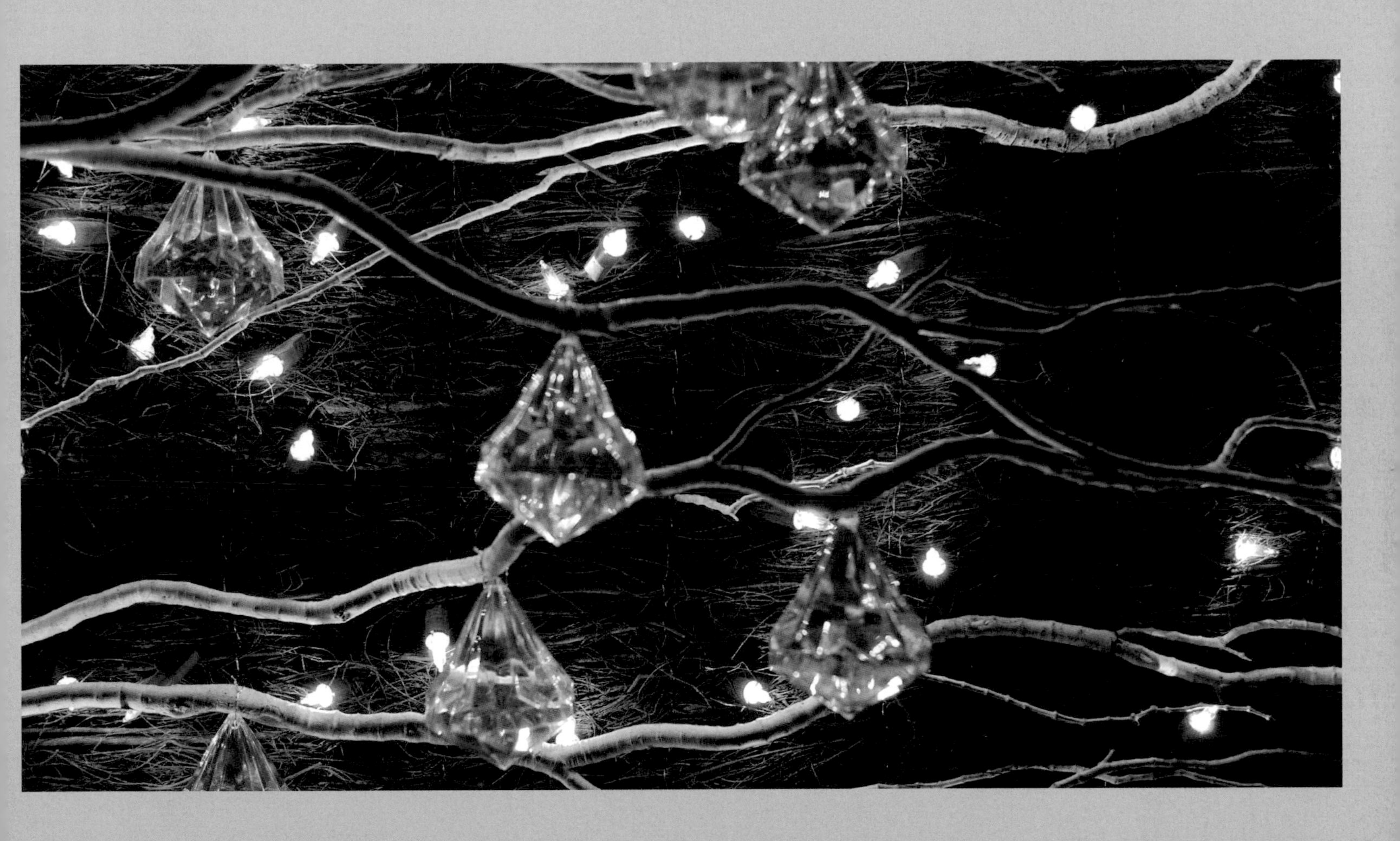

Vegetal mystique: white painted branches create horizontal lines against a background of heath mats, little lights peek out from behind and crystalline elements play with light.

Plantaardige mystiek: witgeverfde takken creëren horizontale lijnen tegen een achtergrond van heidematten, lichtjes komen te voorschijn en kristallen elementen spelen met het licht.

Heath mats, branches, Christmas lights and crystal chandelier pieces.

Heidematten, takken, kerstlichtjes en kristallen luchterelementjes.

Cornus alba 'Sibirica' and Vanda in glass tubes.

Cornus alba 'Sibirica' en Vanda in glazen buisjes.

Angelic pointillism: a frame with red cornel displays the tiniest orchids.

Hemels pointillisme: een kader met rode kornoelje etaleert de kleinste orchideeën.

Guardians of Christmas night.

Lichtbakens waken op kerstnacht.

Opaline beacons of light throne along the coullise. Fluffs of white painted Asparagus and birch branches enthral passers-by.

Opaline lichtzuilen tronen langs de couloir. Plukken witgeverfde Asparagus en berken-takken betoveren voorbijgangers.

Asparagus plumosus and Betula branches.
Asparagus plumosus en Betulatakken.

The darkest rose makes the warmest welcome to all your guests.

De donkerste roos is de hartelijkste verwelkoming voor al je gasten.

A ceramic dish in raku is the base for a segment of a polystyrene ball on which moss and larch branches are glued. This container is filled with red roses and whortleberries.

Een keramische schaal in raku is de basis voor een segment van een piepschuim bal waarop mos en larikstakken zijn gekleefd. Deze container wordt opgevuld met rode rozen en bosbessen.

Rosa 'Grand Prix', Larix, Vaccinium,
moss, ceramic raku bowl and a polystyrene ball.

Rosa 'Grand Prix', Larix, Vaccinium, mos, keramische rakuschaal en een piepschuimen bal.

Amaryllis with a silver lining: countless Christmas balls were glued onto every glass and mirror surface.

Amaryllis met een zilveren kantje: talloze kerstballen werden gekleefd op elk glazen oppervlak en op de spiegels.

Amaryllis, a glass vase and baubles.
Amaryllis, glazen vaas en kerstballen.

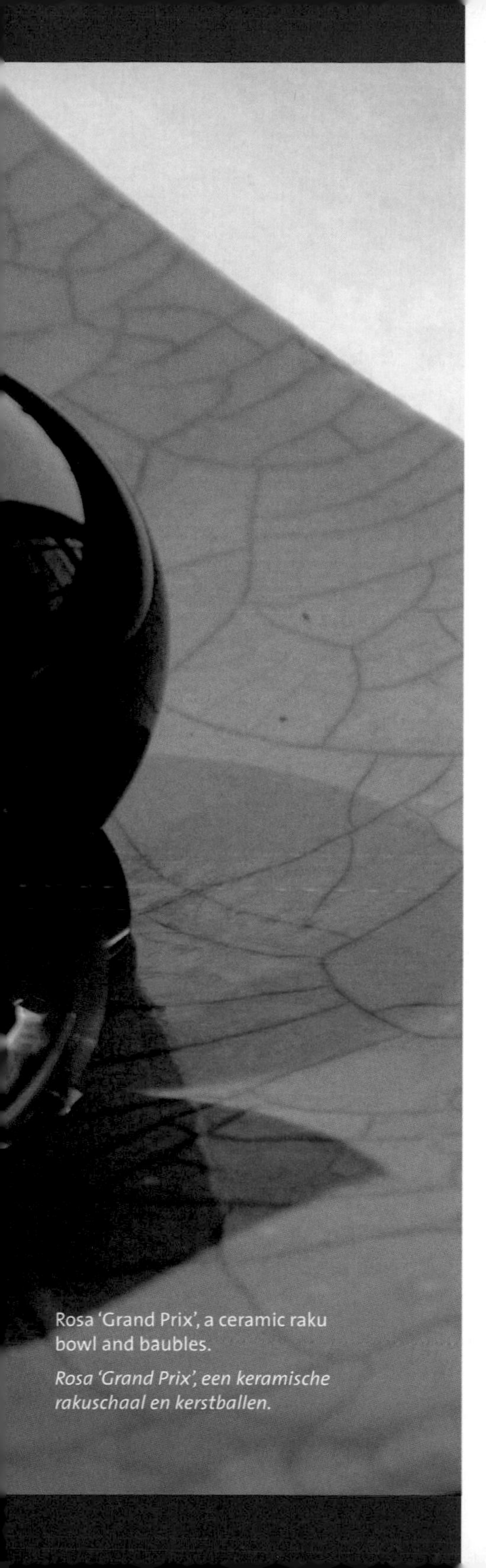

Rosa 'Grand Prix', a ceramic raku bowl and baubles.

Rosa 'Grand Prix', een keramische rakuschaal en kerstballen.

For a scintillating season: a composition of a raku bowl, three Grand Prix roses and broken baubles.

Voor een schitterend seizoen: een compositie met een rakuschaal, drie Grand Prix-rozen en gebroken kerstballen.

A bursting pomegranate, symbol of a good year to come.

Een barstensvolle granaatappel, symbool van een goed nieuw jaar.

The base for this creation is a large ball of polystyrene. Cut a piece out of it and cover the rest with dry moss. Sculpt a layer of clay all over the moss and leave it to dry for a couple of days. The moss will take up the water in the clay and after a while crackle will start to show. Fill the opening with floral foam and rose-hips, decorative apples, baubles and Christmas lights.

De basis voor deze creatie is een grote bal van piepschuim. Snij daar een stuk uit en bedek de rest met droog mos. Boetseer een laag klei over het mos heen en laat alles enkele dagen drogen. Het mos neemt het water in de klei mooi op en na een tijdje zal zich een mooi craquelé patroon vertonen. Vul de opening met steekschuim en rozenbottels, sierappeltjes, kerstballen en lichtjes.

Rose-hips, Malus, baubles, Christmas lights, Argex, a polystyrene ball and dry moss.

Rose-hips, Malus, kerstballen, kerstlichtjes, Argex, een piepschuimen bal en droog mos.

Never be blue on Christmas day.

Straal op kerstdag.

Wind a segment of a ball of polystyrene with ribbons and silver wire. Arrange this collar round a vase and fill it with a piece of floral foam. Cover up with Christmas balls on wire and glass fibre.

Omwikkel een segment van een piepschuim bal met linten en zilverdraad. Schik deze band rond een vaas en steek er een stuk steekschuim in. Bedek met kerstballen op draad en glasvezel.

Fibreglass, polystyrene ball, ribbon, winding wire and baubles.

Glasvezel, een piepschuim bal, lint, wikkeldraad en kerstballen.

I wish you a magical Christmas and a blooming new year!

Ik wens je een magisch kerstfeest en een bloeiend nieuw jaar!

Handbound bouquet with Amaryllis and twirls of cornel.

Handgebonden boeket met Amaryllis omwikkeld met rode cornus.

Amaryllis and Cornus alba 'Sibirica'.

Amaryllis en Cornus alba 'Sibirica'.

Creaties/Creations
Geert Pattyn
Stokstraat 8
B-8940 Geluwe
Tel. +32 56 51 20 05
geert.pattyn@skynet.be

Dank aan/Thanks to
Mijn familie, hechte vrienden en mijn droomteam
My family, my best friends and my dream team

Fotografie/Photography
Joris Luyten

Coördinatie/Co-ordination
An Theunynck

Tekst/Text
Mieke Dumon

Eindredactie/Final editing
Mieke Dumon

Vormgeving & fotogravure/Layout & photogravure
Graphic Group Van Damme bvba, Oostkamp

Druk/Printed by
Graphic Group Van Damme bvba, Oostkamp

Een uitgave van/Published by
Stichting Kunstboek bvba
Legeweg 165
B-8020 Oostkamp
Tel. +32 50 46 19 10
Fax +32 50 46 19 18
info@stichtingkunstboek.com
www.stichtingkunstboek.com

ISBN10: 90-5856-205-0
ISBN13: 978-90-5856-205-0
D/2006/6407/29
NUR: 421